12 Avril 1904

V

Vente par suite de départ de M. X...

RICHE MOBILIER

artistique

LOUIS XV, PREMIER EMPIRE ET STYLE ORIENTAL

Boiserie

OBJETS D'ART

TABLEAUX — SCULPTURES

Argenterie

TENTURES — ETOFFES

Me LAIR DUBREUIL, Commissaire-Priseur

M. Arthur BLOCHE, Expert près la Cour d'Appel

PARIS. — Imp. C. CHAUFOUR.
8-10, rue Milton

CATALOGUE

D'UN

RICHE MOBILIER
artistique

GRAND SALON, CHAMBRE A COUCHER

Très beau piano à queue d'Erard style Premier Empire

Petit salon oriental

SALLE A MANGER AVEC BOISERIE LOUIS XV

Cabinet de toilette

Antichambre style Japonais

BRONZES D'ART ET D'AMEUBLEMENT

Sculptures

Grands brûle-parfums en émail cloisonné

Porcelaines, Tableaux, Gravures

BELLE ARGENTERIE DE TABLE

Elégantes tentures en soierie brodée et brochée

DONT LA VENTE AURA LIEU

par suite de départ de M. X...

HOTEL DROUOT — SALLE N° 1

Les Mardi 12 et Mercredi 13 Avril 1904, à 2 heures 1/4

Me F. LAIR-DUBREUIL	**M. Arthur BLOCHE**
COMMISSAIRE-PRISEUR	EXPERT PRÈS LA COUR D'APPEL
6 Rue de Hanovre, 6	*51, Rue Saint-Georges, 51*

Chez lesquels se distribue le présent catalogue

EXPOSITION PUBLIQUE

Le Lundi 11 Avril 1904, de 2 heures à 6 heures

CONDITIONS DE LA VENTE

La vente sera faite au comptant.

Les acquéreurs paieront *dix pour cent* en sus des prix d'adjudication.

L'Exposition mettant le public à même de se rendre compte de l'état des objets, aucune réclamation ne sera admise une fois l'adjudication prononcée.

Paris. — Imp. C. Chaufour, 8-10, ue Milton.

DÉSIGNATION

MOBILIER

1 — Très beau piano à queue d'Erard en bois d'acajou garni de bronzes ciselés et dorés offrant des têtes de femmes au milieu de guirlandes feuillagées, des trophées de torches dans des encadrements à rais de cœur, pieds en forme d'X, pédalier représentant une lyre. Travail de style Ier Empire.

2 — Bahut ouvrant à deux portes en acajou, intérieur disposé en commode garni de bronzes ciselés et dorés, dessin offrant un amour tenant deux lions dans un encadrement à palmettes, dessus en marbre vert de mer. Style Ier Empire.

3 — Vitrine en acajou garni de bronzes dorés, flanquée de colonnettes, le haut à têtes de femmes en bronze doré. Style Ier Empire.

4 — Grand paravent ouvrant à trois feuilles en bois sculpté peint blanc de style Ier Empire, la feuille du milieu ornée de croisillons à fond de glaces biseautées, celles des côtés en brocart d'or enrichi de pierreries et de paillettes, dessins à palmes sur fond de velours rouge.

5 — Jardinière ronde en forme de corbeille en acajou garni de bronzes ciselés et dorés, posant sur trois pieds à griffes. Ier Empire.

6 — Petit meuble ouvrant à une porte, forme gaîne triangulaire en acajou garni de bronzes ciselés et dorés à guirlandes de lauriers enrubannés, dessus en onyx veiné, entouré d'une frise en bronze doré. Style Ier Empire.

7 — Table à jeu, forme demi-lune en acajou garni de bronzes dorés à cariatides de joueuses de pipaux, au milieu de rinceaux, pieds à cannelures. Style Ier Empire.

8 — Ecran en bois d'acajou garni de bronzes dorés, feuille en soierie brochée à rayures vert pâle. Ier Empire.

9 — Jardinière ronde posant sur trois colonnettes en acajou garni de bronzes ciselés et dorés à guirlandes de chêne enrubannées, bordure à galerie ajourée, piétement surmonté d'un vase en bronze doré. Style Ier Empire.

10 — Paravent en acajou et marqueterie de bois ouvrant à trois feuilles, offrant dans le haut des grisailles représentant les divertissements champêtres et l'offrande à l'amour, le bas en soierie verte plissée.

11 — Jardinière rectangulaire en acajou garni de bronzes ciselés et dorés offrant sur le devant dans un cartel, deux femmes couchées, le haut à galerie ajourée. Ier Empire.

12 — Guéridon rond en acajou garni de bronzes, dessus en marbre vert de mer. Ier Empire.

13 — Canapé à dossier légèrement cintré en bois d'acajou sculpté,garni de bronzes dorés à figures de femmes assises, tête ensoleillée, rosaces et palmettes, accotoirs à bustes de femmes ailées, couvert en satin groseille broché d'or à abeilles et étoiles. Ier Empire.

14 — Petit lit de repos en bois d'acajou orné de bronzes finement ciselés et dorés à branchages de coquelicots, pieds ornementés, couvert et accompagné de quatre coussins en velours crême et bandes de satin blanc à fleurs ciselées en velours, garnis de glands et passementerie assortie. Style Ier Empire.

15 — Deux chaises en acajou sculpté garnies de bronzes ciselés et dorés à cariatides de femmes ailées portant une corbeille fleurie, couvertes en satin cerise broché à fleurs Ier Empire.

16 — Fauteuil en acajou, pieds en X garni de bronzes dorés, couvert en satin rouge cerise broché jaune à rosace. Ier Empire.

17 — Deux canapés de forme orientale en bois sculpté, peint et doré, garnis d'étoffe de soie fond jaune, drapés de velours bleu brodé de soie, dessins à guirlandes de fleurs, montants ornés de croissants.

18 — Deux petits fauteuils en bois sculpté et peint, montants à torsades avec coussins en satin rouge brodé d'or et de soie. Style Oriental.

19 — Fauteuil forme ottomane avec têtière en velours rouge et bleu sur fond jaune garni de passementerie assortie.

20 — Grand fauteuil confortable en velours vert émeraude garni de broderies orientales fond rouge et fond vert à palmes et ornements.

21 — Guéridon en bronze fumé et doré façon bambou, dessus à tablette d'onyx, entrejambe ornée d'une coupe en cuivre jaune, travail de style japonais le plus pur.

22 — Deux guéridons à brûle-parfums en émail cloisonné de Chine, fond bleu turquoise à fleurs et parties de cuivre ajouré, montures en bronze imitant le bambou, dessus en onyx d'Algérie.

23 — Meuble crédence en bois sculpté peint, laqué et doré, le bas ouvrant à une porte orné de moucharabie peint bleu, le haut à colonnes et fond de glaces surmonté d'une galerie ajourée, style mauresque.

24 — Cheminée en bois sculpté orné de motifs peints, encadrement en faïence émaillée, surmontée d'une glace avec encadrement de même travail.

25 — Deux glaces d'entredeux de même travail.

26 — Bel ameublement de salle à manger en bois sculpté peint en blanc et laqué, décor à rocailles style Louis XV, composé de : 1° Un grand buffet formant crédence, ouvrant à deux portes dans le haut et à deux portes dans le bas, à deux tiroirs sous la partie à hauteur d'appui qui est à fond de glaces, avec tablette en marbre rouge : 2° Deux argentiers supportés par des consoles faisant corps adhérent et à fond de glaces posant sur des meubles en forme de pétrins s'ouvrant à deux portes dans le bas et garnies de glaces, s'ouvrant à hauteur d'appui à abattants et disposé à l'intérieur en rayons pour l'argenterie tout gaînés de

peau claire. 3° Une grande table à rallonges avec pieds à contours. 4° Quatre fauteuils à contours, couverts en velours jaune d'Utrecht, dessin ton sur ton, deux chaises à haut dossier et six autres à dossiers ajourés, dessus en velours d'Utrecht jaune ancien.

(Tous ces sièges sont accompagnés de leurs housses, fond bleu, à fleurs blanc et jaune).

27 — Boiserie décorative de la salle à manger, en bois sculpté à rocailles laqué blanc, comprenant :

1° Deux portes ouvrant chacune à un grand battant, dessinant des encadrements à petites glaces, avec dessus de portes à fond de glaces étamées, adhérentes par des angles cintrés, de chaque côté se développent des vitrines à argenterie, formes conixées, au milieu des cintres se détachent des consoles supports, 2° Un trumeau de cheminée à deux glaces superposées encadrées de rocailles, 3° Une porte à un battant, avec trumeau garni de glaces étamées, ouvrant au milieu à loggia, pour le passage des plats. Encadrement à rocailles fleuries. 4° Un encadrement de fenêtre ajouré avec guirlande de fleurs dans le haut, suspendu à des rinceaux entrelacés et les encadrements de deux grands vantaux et de quatre petits vantaux de window, tout à rinceaux finement découpés.

28 — Lit de milieu en acajou garni de bronzes ciselés et dorés, montants à carquois, panneau de devant orné d'une lyre enguirlandée, côtés à sphinx et rosaces, style Ier Empire.

29 — Commode haute en bois d'acajou finement sculpté et doré, poignées à accouplement de dauphins, montants à carquois, dessus en marbre vert de mer, avec tablette en velours frappé vert, style Ier Empire.

30 — Fauteuil de bureau en bois d'acajou, accotoirs sculptés et dorés à têtes de lions, fond en soierie groseille Ier Empire.

31 — Glace trumeau en bois sculpté et doré sur fond peint blanc, dessins à rosaces, palmes, perlés et godrons, style Ier Empire.

32 — Deux portes à double face en glaces ornées de peintures offrant d'un côté des jetées de violettes et oiseaux et de l'autre côté des branchages fleuris, monture à croisillons, gonds, serrure et targettes en bronze finement ciselé et doré du Ier Empire.

33 — Grand meuble crédence du temps de Louis XIII rehaussé et décoré de fleurs.

34 — Secrétaire de même travail.

35 — Table de nuit en bois d'acajou garni de bronzes ciselés et dorés, panneau orné d'un vase fleuri, style Ier Empire.

36 — Gaîne-support en acajou garni de bronzes ciselés et dorés, montants à têtes de femmes casquées, devant offrant une statuette de femme ciselée, dessus en marbre vert de mer, style Ier Empire.

37 — Table bureau en bois, forme rectangulaire en bois d'acajou garni de bronzes ciselés et dorés à ornements et guirlandes de lauriers, dessus en cuir rouge doré au petit fer, style Ier Empire.

38 — Deux fauteuils en bois d'acajou sculpté et parties dorées, accotoirs à têtes d'oiseaux chimériques, couverts de satin vert. Ier Empire.

39 — Deux chaises de même travail.

40 — Jardinière sur pied forme lyre en bois d'acajou garni de bronzes dorés à feuilles de lauriers Ier Empire.

41 — Paravent diptyque en bois sculpté, style Ier Empire. Feuilles en velours vert bronzé à dessins ajourés ornés de perles offrant des petites branches feuillagées, revers en soierie changeante.

42 — Clepsydre Moyen Age, en bois sculpté et peint, à deux cadrans et posant sur un support.

43 — Deux tabourets rectangulaires à côtés inclinés, en acajou garni de bronzes ciselés et dorés, couverts en soierie brochée à rosaces et palmes. Ier Empire.

44 — Ameublement de cabinet de toilette en bambou de style japonais, composé de :

Une toilette ornée de panneaux en laque, à dessus en marbre blanc, et de chimères en faïence bleue, cuvette à renversement.

Deux glaces à étagères avec jardinières dans le bas, ornées de carreaux en faïence.

Une table à coiffer surmontée d'une grande glace triptyque, avec rampe électrique haut et bas.

Fond de salle de bains tout en glace dans un encadrement en bambou.

45 — Grande horloge en bois sculpté orné de peintures multicolores.

46 — Deux grandes armoires à linge en bois blanc.

47 — Table rectangulaire en bambou, le dessus en plaques de revêtement à décors polychromes à fleurs, dragons et papillons.

48 — Deux tabourets supports carrés en bois de fer sculpté, dessus en marbre. Travail chinois.

49 — Tabouret-support rond en bois de fer sculpté, dessus en marbre. Travail chinois.

50 — Etagère-desserte en bois laqué blanc.

ARGENTERIE

51 — Service de table en argent, composé de quatre plats ronds et de cinq plats longs, bordure à filets.

52 — Deux légumiers avec plateaux et couvercles en argent, bordures à coquilles et ornements, anses plates. Epoque Louis XIV.

53 — Deux plats ronds en argent, bordures contournées et à filets, marlis à godrons. Style Louis XV.

54 — Petit plat ovale en argent, bordure ciselée. Ier Empire.

55 — Coupe creuse et ovale en argent, intérieur orné d'une armoirie gravée.

56 — Petit plat long en argent, bordure à feuilles de lauriers.

57 — Deux plats creux, carrés, en argent, bordures à contours et filets.

58 — Deux saucières sur plateaux adhérents en argent, bordure contournée à filets.

59 — Verseuse en argent uni orné d'une armoirie gravée. Epoque Louis XIV.

60 — Plat long en argent, bordure contournée et feuillagée.

61 — Deux plats creux en argent, bordure à filets, intérieur godronné.

62 — Service à café et à thé en argent, pieds et goulots ciselés à feuillages, panses cerclées de lauriers, composé d'une cafetière, une théière, un sucrier et un pot à crème, anses en ivoire, style Louis XVI.

63 — Six coquetiers sur pieds en argent. Louis XIV.

64 — Service à sucre en poudre en argent, composé d'une coupe à deux compartiments sur plateau à bordure contournée et feuilles de choux. Style Louis XV.

65 — Coupe ovale ou jardinière en argent, bordure à coquilles et feuillages, intérieur godronné.

66 — Deux petits beurriers sur plateaux en argent, avec leurs pelles. Style Louis XV.

67 — Deux raviers sur pieds en argent, bordure à filets coquillés. Style Louis XV.

68 — Quarante-huit couverts à entremets en vermeil, bordures à filets et coquilles.

69 — Quarante-huit couteaux à dessert, manches en nacre, viroles en vermeil, dont vingt-quatre à lames de vermeil. Travail de la maison LAPAR.

70 — Vingt-quatre couteaux de table, manchés en nacre, avec viroles en argent. De la maison LAPAR.

71 — Douze porte-couteaux en argent à rocailles. Louis XV.

72 — Passe-thé en argent.

73 — Vingt-quatre couverts à poisson en argent, à filets et coquilles.

74 — Douze cuillers à café, une pince à sucre et une cuiller à poudre en vermeil gravé.

75 — Douze fourchettes à huître en argent.

76 — Deux pelles à sel en argent.

77 — Pelle à sucre en argent.

78 — Louche en argent.

79 — Six brochettes en argent.

80 — Trente-six fourchettes et vingt-quatre cuillers en argent.

81 — Marmite et deux poélons en terre, garniture en argent, de style Louis XV.

82 — Quatre petits cadres pour menus, en argent ciselé. Style Louis XV.

83 — Deux huiliers en argent, époque Ier Empire, avec leurs burettes en verre bleu.

84 — Porte-menus forme cartouche Louis XV en argent.

85 — Fontaine tripode à anses mobiles en argent cotelé et orné de feuillage, couvercle surmonté d'une pomme de pin. Epoque Louis XIV.

86 — Coupe ovale sur pied en argent, anses se terminant par des têtes d'aigles. Epoque Ier Empire.

87 — Paire de flambeaux en vermeil. Ier Empire.

88 — Bougeoir en vermeil, anse à anneau surmonté d'un oiseau. Ier Empire.

89 — Garniture de bureau argentée, dessin à cannelures et torsades, composée d'un plateau, encrier, boîte à timbres, porte-allumettes, sèche-plumes, porte bloc-notes, tablette memorandum, bougeoir, tampon, porte-plume et porte-mine.

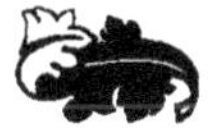

BRONZES

90 — Jolie pendule en marbre brèche rosé garnie de bronzes finement ciselés et dorés représentant les Conseils de l'Amour, frise et pieds ornés de bas-reliefs et de médaillons à petits amours. Premier Empire.

91 — Paire de lampes en marbre brèche jaune de Sienne garni de bronzes ciselés et dorés, anses à têtes d'aigles, disposées pour l'électricité. Ier Empire.

92 — Deux paires d'appliques en bronze ciselé et doré, forme cornes d'abondance, se terminant par des têtes d'aigles, disposées pour l'électricité. Style Ier Empire.

93 – Paire de cassolettes ou brûle-parfums en marbre rosé, monture à groupes de trois cariatides de femmes ailées sur gaînes. Style Premier Empire.

94 — Porte-pelles et pincettes en bronze doré avec bras à serpents enroulés. Style Ier Empire.

95 — Belle lampe forme colonne en cristal taillé garni de bronzes ciselés et dorés posant sur un socle à quatre faces en marbre vert de mer orné d'un médaillon en biscuit de Sèvres représentant Napoléon Ier et de trois bas-reliefs en bronze ciselé et doré à figures d'Hercule.

96 — Buste en bronze à patine verte représentant l'empereur Napoléon Ier, la tête tournée vers la gauche, signé MARIOTON, sur socle en marbre rose veiné, contresocle en velours vert.

97 — Paire de candélabres formés par des statuettes de femmes ailées en bronze à patine foncée, portant des cornes d'abondance à quatre lumières et debout sur des boules posant sur des fûts de colonnes cannelées en bronze doré. Ier Empire.

98 — Lampe forme urne sur trépied en bronze à patine verte et patine dorée, disposée pour l'électricité. Style Ier Empire.

99 — Ecritoire en bronze ciselé et doré représentant une femme ailée assise sur un fauteuil et se chauffant à un trépied enflammé, posant sur un terrassement en marbre vert de mer à balustrade en bronze doré. Style Ier Empire.

100 — Applique forme aigle aux ailes déployées tenant une flèche en bronze doré. Ier Empire.

101 — Garniture de cheminée composée d'une pendule et de deux candélabres à six lumières électriques en bronze orné de pierreries. Travail de style oriental.

102 — Applique forme lustre en bronze, parties dorées, le haut orné de cygnes, Ier Empire. Disposée à trois bras de bougies électriques.

103 — Pelle et pincette en acier surmonté de petits vases en bronze vert et bronze doré.

104 — Paire de candélabres à cinq lumières électriques forme obélisques en acajou garni de bronzes ciselés et dorés, sur socles en marbre vert de mer. Style Ier Empire.

105 — Lampe colonne en acajou garni de bronzes ciselés et dorés à chapiteau et thyrses de laurier, disposée pour l'électricité. Ier Empire.

106 — Paire d'appliques en acajou et bronzes ciselés et dorés, forme têtes de sphinx sur gaînes enrubannées et enguirlandées de lauriers. Style Ier Empire. Disposées à trois bougies électriques.

107 — Flambeau-bouillote à trois lumières en bronze doré. Style Ier Empire, avec abat-jour plissé et orné de paillettes.

108 — Petit buste en bronze doré : Napoléon Ier, socle en marbre vert de mer.

109 — Petit objet d'art en bronze doré et émaillé, peint en forme de moulin. Epoque Ier Empire, sous globe, formant pendule avec perles fines.

110 — Paire de flambeaux à deux lumières électriques en bronze ciselé et doré. Style Ier Empire.

111 — Paire de chenêts en bronze patine verte formés par des statuettes de sphinx sur terrassement en bronze doré à figures de femmes ailées. Style Ier Empire.

112 — Pare-étincelles grillagé, monture bronze imitant le bambou.

113 — Quatre appliques électriques, forme grand branchage fleuri.

114 — Statuette de charmeur de serpents en bronze polychromé finement gravé, parties dorées du Japon, portant une lanterne, patine acier, décor à fleurs dorées, gravées et repercées. Formant lampe électrique.

115 — Paire de candélabres en bronze argenté, modèle à rocailles feuillagées à quatre bougies disposées pour l'électricité.

116 — Surtout de table en trois parties à fond de glaces, monture en bronze ciselé et argenté. Style Louis XV.

117 — Deux paires d'appliques à deux lumières électriques en bronze ciselé et doré, modèle à rocailles fleuries de style Louis XV.

118 — Ecran en bronze doré représentant une scène à petits personnages, d'après LEPRINCE, encadrements à rocailles, style Louis XV.

119 — Deux chenêts en bronze doré, modèle à grands ornements, rocailles et feuillage. Style Louis XV.

120 — Paire de girandoles à quatre lumières électriques en bronze ciselé et doré, modèle à rocailles fleuries. Style Louis XV.

LUSTRES, PLAFONNIERS

121 — Joli lustre à neuf lumières électriques, style Louis XV en bronze ciselé et doré, garni de pyramides, de pendeloques et de fleurettes en cristal de Bohème.

122 — Quatres plafonniers disposés pour l'électricité, forme coupoles, cintrées en bronze doré, fond à semis de fleurettes et ornés de pendeloques en cristal de Bohème. Style Louis XV.

123 — Lustre en bronze vert et bronze doré, forme lampe romaine à cinq lumières, disposées pour l'électricité. Style Ier Empire.

124 — Quatre plafonniers disposés pour l'électricité, forme lampes romaines en bronze vert et bronze doré. Style Ier Empire.

125 — Beau lustre lampe de mosquée oriental en cuivre jaune orné de cabochons et de plaquettes en verre taillé de couleur, disposé à huit lumières électriques reflets étonnants.

126 — Quatre petits plafonniers, forme clochettes garnies de glands de soie, disposés pour l'électricité.

127 — Deux lanternes d'applique de forme triangulaire, ornées de verres de couleurs, suspendues à des potences en bronze doré, style oriental.

128 — Lustre forme corbeille en bronze, patine foncée et dorée, orné de pendeloques en cristal taillé, Ier Empire. Disposé à douze bougies électriques.

129 — Quatre plafonniers en forme de petits lustres à corbeilles en bronze doré garni de perles en cristal. Ier Empire.

130 — Quatre petits plafonniers forme clochettes en cuivre garnis de franges de soie.

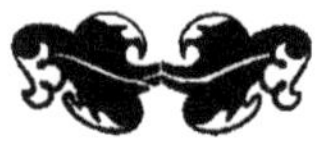

CUIVRES

131 — Belle croix processionnelle en cuivre offrant au milieu le Christ et aux extrémités le Père Eternel et des Saintes, douille gravée et repoussée à têtes de chérubins et fruits, époque XVIIe siècle; hampe recouverte de velours.

132 — Paire de flambeaux en cuivre jaune uni et doré.

133 — Paire de grands lampadaires en cuivre jaune ajouré et repercé d'Orient, décor à animaux et volatiles, disposés pour l'électricité.

134 — Paire de cornets en cuivre jaune d'Orient, décor repoussé et ajouré à animaux et oiseaux.

135 — Petit poëlon à café turc en cuivre rouge, manche en ivoire.

136 — Grande cassolette à couvercle conique en cuivre repoussé et argenté de Perse, décor à oves fleuries et feuillages surmontée d'oiseau.

SCULPTURES, MARBRES

CHEMINÉES

137 — Très belle jardinière ovale en marbre rouge du Languedoc, sculpté à côtes saillantes, sur pied forme colonne ronde et cannelée montée sur socle carré. La gorge de la jardinière est garnie d'une monture en bronze doré, simulant le débordement de l'eau.

138 — Très belle cheminée en marbre bleu turquin, montants formes gaînes surmontées de têtes de sphinx en bronze finement ciselé et doré, encadrement en céramique offrant l'aigle impérial et des brûle-parfums enflammés, tablier en cuivre jaune, style Ier Empire.

139 — Cheminée en marbre rouge royal veiné de blanc, garnie de bronzes ciselés et dorés, de style Louis XV. Encadrement en faïence, tablier en cuivre jaune.

140 — Intérieur de cheminée en faïence émaillée, à l'aigle impérial, tablier en cuivre jaune.

141 — Buste en marbre représentant Napoléon Ier, d'après Canova; socle en marbre vert de mer, contre-socle en velours chaudron.

142 — Deux vases en marbre rouge royal supportés par trois corps de lions ailés à têtes de femmes en bronze ciselé et doré, style Ier Empire.

143 — Paire de vases sur socles en marbre vert de mer richement garnis de bronzes dorés à rondes et figures de femmes, anses formées par des statuettes d'enfants musiciens assis sur des têtes de béliers, style Ier Empire.

144 — Petit monument forme Arc-de-Triomphe en marbre de couleur et lapis lazuli. Le haut est surmonté d'un groupe représentant Apollon dans son char entouré de déesses, le bas offre un groupe Hercule et le Centaure. Ier Empire.

145 — Deux obélisques en spath-fluor avec écoinçons à feuillage en bronze doré. Ier Empire.

146 — Groupe en bois sculpté : la Vierge assise tenant l'Enfant-Jésus sur ses genoux. Travail ancien, décor et dorure modernes. Le groupe est posé sur une stalle de vieux style.

147 — Beau buste terre cuite représentant le roi Louis XV drapé dans son costume de cour, socle en marbre veiné.

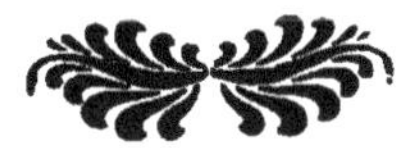

PORTES, GRILLES

148 — Deux portes en fer doré avec poignées en bronze doré ornées de vitraux de couleurs représentant sous des portiques l'empereur Justin et Théodora.

149 — Petite grille en fer doré ornée de vitraux de couleurs à décor oriental.

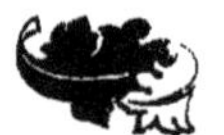

ÉMAUX CLOISONNÉS

150 — Deux grands et beaux brûle-parfums en émail cloisonné, fond bleu turquoise à fleurs et feuillages au milieu de rinceaux et d'entrelacs; panses sphériques, anses en crosses, pieds à masques fabuleux en bronze doré dont les couvercles portent le nº 22 de ce catalogue.

PORCELAINES

151 — Deux potiches et deux cornets en porcelaine de Chine, fond rose, décor à volatiles et branchages fleuris.

152 — Service à dessert en porcelaine de Paris, décor à bouquets et guirlandes de fleurs.

153 — Service à thé en porcelaine gros bleu à large bordure dorée.

154 — Deux vasques jardinières en porcelaine du Japon, fond rose nuagé à grandes plantes fleuries et lambrequins animés de papillons en couleurs rehaussées d'or. Montées sur supports en bambou.

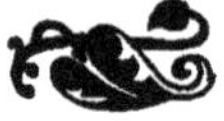

155 — Porte-cannes, forme cylindrique, en porcelaine du Japon, décor à médaillons et paysages fleuris animés d'oiseaux.

156 — Vase cylindrique, semblable au précédent, avec pied bambou.

157 — Paire de potiches avec couvercles surmontés de chimères en poterie de Satsuma, décors à personnages dans des paysages, lambrequins à draperies tombantes, fond mosaïque avec médaillons forme écrans, éventails, en réserves. Montées sur petits socles en bambou.

158 — Deux petits vases à couvercles en biscuit de Wedgwood, fond noir rehaussé d'or représentant sur le pourtour une offrande à l'Amour, anses et culots dorés posant sur des petits socles à quatre faces.

159 — Cuvette et pot en porcelaine de Paris décorée à trophées de musique et ornements, suspendus à un chevalet en acajou, garni de bronzes dorés Ier Empire.

159 *bis* — Plusieurs services de table en cristal, verrerie et porcelaine. (Seront vendus séparément.)

OBJETS DIVERS

160 — Buvard rectangulaire en maroquin écrasé havane, doré au petit fer.

161 — Porte-plume et porte-mine en acajou à cannelures, garni de bronzes. Epoque Ier Empire.

162 — Coupe-papier en ivoire, poignée en acajou, garni de bronzes à couronnes de lauriers.

163 — Verre d'eau en cristail taillé, garni de vermeil à dessins byzantins, composé d'un plateau rectangulaire, d'une carafe forme buire, d'un petit carafon, un sucrier, deux verres et une cuiller.

164 — Appareil téléphonique en bois d'acajou garni de bronzes ciselés et dorés, surmonté de l'aigle impérial. Style Ier Empire.

165 — Tampon à buvard en bois d'acajou garni de bronzes ciselés et dorés, décor à l'aigle. Style Ier Empire.

166 — Papeterie en bois d'acajou garni de bronzes. Style Ier Empire.

167 — Bloc-notes en maroquin vert, doré au petit fer, orné d'une applique en bronze représentant un aigle aux ailes déployées.

168 — Deux petites jardinières ovales en tôle émaillée à figures de femmes et amours. Style Ier Empire.

169 — Deux petites burettes en métal doré. Ier Empire.

170 — Paire de petits flambeaux à cannelures et perlés en métal doré. Fin Louis XVI.

171 — Petit temple en bois de thuya, bois noir et ivoire, renfermant une statuette de Napoléon Ier en ivoire. Epoque Ier Empire.

172 — Applique forme aigle aux ailes déployées en bois sculpté et doré, tenant une branche de chêne en fer forgé et doré, Ier Empire. Disposée à trois lumières électriques.

173 — Coffret, couvercle bombé, recouvert d'ancien velours, monture en fer repoussé. XVIIe siècle.

174 — Petit coffret rectangulaire en fer finement gravé à personnages, couvercle l'intérieur orné d'un jeu de serrure à décor gravé. XVIIe siècle.

175 — Deux instruments de musique turcs ornés de coquillages.

176 — Thermomètre et calendrier avec cadres en bois sculpté peint blanc rehaussé d'or. Style oriental.

177 — Très jolie et intéressante suite de douze éventails en ivoire, en os, en corne, en nacre, avec feuilles en soieries ornées de paillettes, de gravures coloriées à personnages et d'inscriptions, Epoques Ier Empire, Louis XVIII et Restauraration.

178 — Thermomètre et calendrier encadrés, en bois doré, de style Ier Empire.

178 *bis* — Glaces et vitraux décoratifs. (Sera divisé).

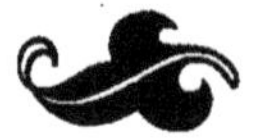

TABLEAUX, GRAVURES

GÉRARD (D'après)

179 — *Portrait de l'Impératrice Joséphine.*

Estampe en noir par W. DICKINSON.
Cadre en acajou et bronze style 1er Empire.

GÉRARDON (D'après)

180 — *La Correction conjugale.*

Gravure en noir.

HUBERT de GENÈVE (D'après)

181 — *Les Trésors de l'Automne et les Prémices du Printemps.*

Deux gravures.

ISABEY et PERCIER (D'après)

182 — *Les Colonels Marmont, Gouvion-Saint-Cyr, Junot, Baraguay d'Hilliers.*

Quatre gravures par PAUQUET, GUTTEMBERG et PIGEOT.
Dans un cadre 1er Empire.

STEUBEN (D'après)

183 — *Napoléon et son fils.*

Gravure par SIXDENIERS.

ÉCOLE FRANÇAISE

184 — *Paysages accidentés animés de personnages.*

Suite de cinq gouaches.

ÉCOLE MODERNE

185 — *La Favorite.*

ECOLE XVIIIe SIÈCLE

186 — *Offrande à la Sultane.*

187 — Estampe en noir : *Napoléon Ier devant le tombeau de Frédéric le Grand.*

Cadre Ier Empire.

188 — Eau-forte représentant Napoléon Ier vu de profil, avec remarque dans la marge.

Cadre en acajou, style Ier Empire.

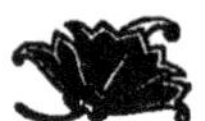

TENTURES

ÉTOFFES BRODÉES

189 — Deux décors de croisées de salons composés de deux rideaux en soierie verte avec fleurs blanches en tapisserie et de deux autres rideaux en velours ombré rouge et velours orange, brodés de palmes, doublés de soie blanche, avec bâton en acajou orné d'un thyrse de lauriers. Style Ier Empire.

190 — Tenture murale et tablette de cheminée en soierie verte à fleurs blanches en tapisserie.

191 — Décoration de chambre à coucher en velours vert émeraude brodé d'or et de paillettes à guirlandes de lauriers et rosaces, composée de deux rideaux de fenêtre, d'un couvre-lit, d'un devant de fenêtre et de deux rideaux de lit et doublure en moire jaune. Ciel-de-lit forme dôme, en acajou garni de bronzes dorés, orné sur le devant d'un aigle aux ailes déployées. Style Ier Empire.

192 — Deux rideaux en moire jaune.

193 — Tenture murale de salle à manger en velours d'Utrecht frappé jaune, dessins à fleurs en ton sur ton.

194 — Tablette de cheminée analogue.

195 — Deux cordons de sonnettes en soierie verte, avec poignées en bronze doré. Ier Empire.

196 — Deux grandes portières en velours à teintes changeantes rouge, richement brodé de fil doré, représentant des chimères en furie.

197 — Grande portière en velours de lin, brodée d'or, décors à vols d'oiseaux et arbustes.

198 — Dessus de piano en soierie rayée et brochée, garni de rubans ruchés. Style Ier Empire.

199 — Tapis de table en velours jaune frappé, dessins à fleurs, ton sur ton, avec bande en dentelle de Venise, appliquée sur fond de satin jaune point à la rose.

200 — Deux portières en satin rose et vert, richement brodé de soie à grandes branches de chrysantèmes, doublées de velours rose et de velours bleu.

201 — Dessus de lit en satin semblable.

202 — Panneau en satin bleu clair, brodé de grands branchage fleuris. Travail portugais.

203 — Panneau en satin, fond cuivre, dessin à portiques et fleurs en soierie, polychrome. Travail portugais.

204 — Portière formée d'un tapis de soie, fond gris perle, brodé à fleurs et feuillages. Travail oriental.

205 — Portière en satin rose, brodée de soie à branchages et fleurs, bandeaux en satin rose et bordure à rinceaux feuillagés, relevée par une cordelière suspendue à une hallebarde, formant porte-embrasse.

206 — Cinq écharpes en satin et voile brodés d'or et d'argent.

207 — Deux bandeaux en satin blanc, brodé de soie à fleurs.

208 — Store en soie tissée de Wickham, garni d'applications de Luxeuil sur fond de tulle.

209 — Vingt coussins en satin brodé et soierie brochée, garnis de dentelles.

210 — Deux draperies orientales en soie rouge et bleue.

211 — Devant de fenêtre en satin crème, brodé de soie et d'or, à ornements fleuris doublé de velours vert.

212 — Portière formée d'un grand panneau à broderies de soie et d'or, à fleurs, ornements et inscriptions sur fonds de différentes nuances.

213 — Décor de porte, composé d'un grand rideau en satin chaudron, broderie de soie et d'argent, d'une pente en satin crème, brodé de fleurs, relevé par une cordelière, suspendue à une hallebarde formant porte-embrasse.

214 — Décor de fenêtre dans le même goût.

215 — Objets omis.

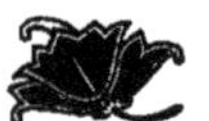

www.ingramcontent.com/pod-product-compliance
Ingram Content Group UK Ltd.
Pitfield, Milton Keynes, MK11 3LW, UK
UKHW021959260726
13994UKWH00004B/1843

9 782329 486888